Made in the USA
Middletown, DE
12 January 2023

21961952R00057